Impressum:

Copyright © 2007 GRIN Verlag, Open Publishing GmbH
Druck und Bindung: Books on Demand GmbH, Norderstedt Germany
ISBN: 978-3-668-10569-0

Dieses Buch bei GRIN:

http://www.grin.com/de/e-book/93202/bio-der-neue-trend-chancen-und-risiken-
der-massenvermarktung-von-biologischen

Kristin Riedel

Bio, der neue Trend. Chancen und Risiken der Massenvermarktung von biologischen Lebensmitteln

GRIN Verlag

Inhaltsverzeichnis

Einleitung

Von der Nische zum boomenden Markt. Immer mehr Menschen steigen um auf Bio-Produkte und das aus den unterschiedlichsten Gründen. Inzwischen ist die Vermarktung der Bioprodukte so erfolgreich, das man sie nicht mehr als Nischenprodukte bezeichnen kann. Der Umsatz von Bioprodukten wuchs laut dem Informationsportal www.Oekolandbau.de schon 2006 um 18%. Laut der „RP Online" betrug der Umsatz mit ökologischen Lebensmitteln 2006 in Deutschland

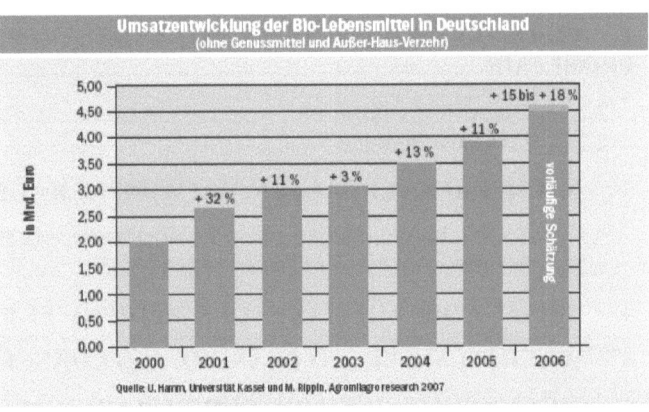

Abb.1: Ernst und Young: Studie „Lohas"

Abb.2: Aktuelle Marktgrafik der ZMP

rund 4,6 Milliarden Euro. Das sind ca. 3% am gesamten Lebensmittelmarkt. Am EU-Bio-Markt gemessen, waren die Deutschen mit rund 22% dabei.[1]
Rund 17.557 Betriebe wirtschaften Ende 2006 in Deutschland ökologisch auf einer Fläche von rund 826.000 Hektar.[2]

Immer mehr Discounter steigen in den Biomarkt ein und entwickeln ihre eigenen Bio-Sortimente. Insbesondere durch Discounter wurden neue Verbraucherschichten an Biologische Lebensmittel herangeführt, wodurch ein deutlicher Marktanteil hinzugewonnen wurde. Es scheint dass mehr und mehr Verbraucher, Qualität und Sicherheit bei Lebensmitteln bevorzugen. Da spielt der Preis nicht immer die wichtigste Rolle. Der Handel stellt sich langfristig darauf ein, wodurch der Bio-Markt langfristig weiter wachsen wird.[3]

Bioprodukte werden in Deutschland meist regional eingekauft, aber es ist eine zunehmende Internationalisierung zu beobachten. Das Wachstum als auch die Internationalisierung bringen jedoch die Gefahr mit sich, dass bei den Massen die produziert werden müssen, der Biostatus und die Qualitätsstandards nicht mehr

[1] Vgl. www.rp-online.de : „Fakten rund um Bio" vom 16.11.07
[2] Vgl. ZMP GmbH, Bonn, www.zmp.de : Aktuelle Marktgrafik 19.11.07
[3] Vgl. www.oekolandbau.de/haendler/marktinformationen/biomarkt-deutschland/aktuelle-marktdaten/bio-markt-waechst-nachhaltig-auch-in-2007/ vom 31.10.2007

kontrollierbar sind. Ist Bio dann noch Bio? Vor diesem Hintergrund möchte ich der Frage nachgehen, welche Chancen und Risiken mit dem Wachstum der Biobranche einhergehen. Im Folgenden erläutere ich Ihnen dazu was Bioprodukte ausmacht. Ausführlich werde ich auf die Gesetze und Anbauverbände eingehen sowie auf einige Statistiken.

1 Was macht biologische Lebensmittel aus?

Biologische Lebensmittel sind aus ökologischem Anbau, d.h. sie werden natürlich angebaut ohne die Düngung mit Pestiziden oder anderen Chemikalien. Aber Bio-Landbau heißt mehr als „keine Spritzmittel". Dazu bedarf es einen geschlossenen natürlichen Kreislauf des Betriebes. Das wird durch die Kombination von Pflanzenbau und Tierhaltung erreicht. Je größer die bewirtschaftete Fläche ist umso mehr Nutztiere werden gebraucht. Beim Bio-Landbau werden nicht viele Tiere in kleine Ställe geparkt, sondern die Tiere bekommen die Gelegenheit sich wohl zufühlen und sich zu bewegen. Dazu gehört auch der Kontakt zu Artgenossen, Tageslicht und frische Luft.

Als Alternative zu Chemischen Düngungen wird im Bio-Landbau die volle Breite der Natur genutzt. Die Tiere ernähren sich von einem Teil der Pflanzen und das was sie ausscheiden wird dann als Dünger verwendet. So wie man es als Kind schon im Biologie-Unterricht lernt, werden hier die Ernte-Abfälle kompostiert, dadurch kann man sie zur Bodenverbesserung nutzen. *„Es gibt wirksame Methoden, mit denen die Böden verbessert, die angebauten Pflanzen und die Hoftiere optimal versorgt werden können."*[4] Nachteilig ist jedoch der große Aufwand. Im Gegensatz zu der konventionellen Landwirtschaft, braucht die natürliche Methode viel mehr Zeit und Kraft, einer der Gründe warum der Preis für Bio-Lebensmittel höher ist.

Biobauern bieten mehr Arbeitsplätze, wo bei konventionellen Betrieben fast nur noch Maschinen eingesetzt werden, wird in Biobetrieben noch viel per Hand gearbeitet. So wie es vor langer Zeit schon gehandhabt wurde, vor der Einführung neuer Technologien und Verfahren. Des Weiteren werden in Biobetrieben der Energieverbrauch und der Ausstoß von Treibhausgasen um die Hälfte reduziert. Natürliche Ressourcen können geschont werden, ländliche Regionen werden gestärkt und die Landschaft bleibt natürlich erhalten.[5]

---

[4] Vgl. www.oekolandbau.de/verbraucher/wissen/infopaket-fuer-einsteiger/oeko-landbau-was-heisst-das/
[5] Vgl. www.bund.net/Publikationen/Infoblätter/Besser-leben/zu-Bio-wechseln

Bei einer Befragung die ich durchführte bei 50 Personen zw. 18 und 60 Jahren, wurde die Frage gestellt: „Was verstehst Du unter Biologischen Lebensmitteln? Was ist für Dich Bio?". Darauf antworteten ca. 70%, das dahinter eine natürliche, Pestizidfreie Anbauweise ohne Fremdstoffe und Gentechnik steht. Viele verstehen unter Bio auch Artgerechte Haltung und natürliche Aromen statt Konservierungsmittel und künstliche Zusatzstoffe. Aber nur rund 30% wissen, das Bio-Produkte aus mindestens 95% Bio bestehen müssen. Die Mehrzahl ist sich nicht sicher ob da auch Bio drin ist wo Bio drauf steht. Aus den Antworten kann man erkennen, dass nur wenige wirklich bescheid wissen über Bioprodukte und das die Wahrscheinlichkeit des Kaufes von Bioware groß ist obwohl man nicht sicher ist, ob da auch Bio drin ist.

2 EG-Öko-Verordnung vs. Bio-Anbauverbände und dahinter stehende Probleme

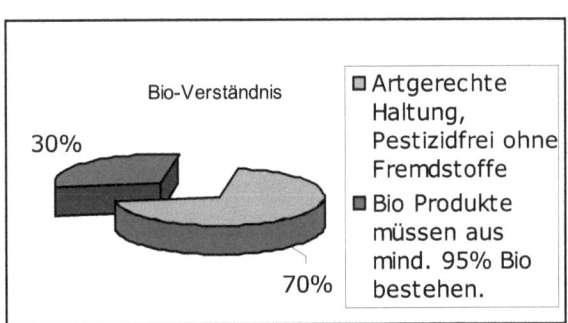

Und wie wird nun überprüft ob die Bio-Bauern auch nach den Bio-Richtlinien handeln? Ganz einfach, wer sich „Öko" oder „Bio" schimpft muss mindestens der EG-Öko-Verordnung entsprechen. Darin ist seit 1993 der Standard für pflanzliche Lebensmittel definiert und seit 2000 auch der für Tiere. [6] Abb.5: Daten aus eigener Studie von Oktober 2007

Aber die EG-Öko-Verordnung ist nicht die strengste Richtlinie. Bereits seit Jahren existieren Anbauverbände mit eigenen strengeren Richtlinien. Jeder Bio-Betrieb kann sich dieser Verbände anschließen und verpflichtet sich nach deren Richtlinien zu agieren.

Während die Betriebsumstellung nach der EG-Öko-Verordnung nur Teilweise möglich ist, schreiben Bio-Anbauverbände die gesamte Umstellung des Betriebes in Ihren Richtlinien vor. Auch die maximale Zahl der Tiere unterscheidet sich.

Laut der EG-Öko-Verordnung darf ein Bio-Betrieb 14 Mastschweine, 580 Masthühner oder 230 Legehennen je Hektar landwirtschaftlicher Fläche besitzen. Nach der Meinung der Bio-Anbauverbände ist das keine Artgerechte Tierhaltung, daher fordern Sie in ihren Richtlinien max. 10 Mastschweine, 280 Masthühner oder 140 Legehennen je Hektar landwirtschaftlicher Fläche. Während bei der EG-Öko-Verordnung konventionelle Futtermittel zugelassen sind, werden Sie bei den Anbauverbänden untersagt. Laut dieser muss auch das Futter von den Tieren mind. zu 50% aus dem eigenen Betrieb stammen. Die Futtermittel Rohstoffe sollen laut der Verbände zum Großteil aus Deutschland oder

---

[6] Vgl. Bundesanstalt für Landwirtschaft und Ernährung, Informationsstelle Bio-Siegel

Regional bezogen werden. In der EG-Öko-Verordnung ist dies nicht geregelt.[7] In Anhang 1 finden Sie noch mehr unterschiede.

Die Bio-Verbände kritisieren immer wieder mit scharfen Worten dass noch zu viel Gentechnik in der EG-Öko-Verordnung zugelassen sei, der Wert liegt derzeit bei 0,9%. Wiederum stehen alle unter schärfster Kontrolle, vom Bauern, über den Lagerist bis hin zum Verkäufer. Jeder Bio-Betrieb muss sich einmal im Jahr von einer der 22 privaten Firmen, die derzeit als Prüfer zugelassen sind, überprüfen lassen. Ist das ausreichend, wenn man bedenkt dass die Bio-Betriebe sich Ihren Prüfer auswählen können und dann nur einmal im Jahr überprüft werden? Problem ist hier die Konkurrenz, denn die Kontrollstellen konkurrieren gegeneinander. Passt einem der eine Prüfer nicht weil er zu hart Kontrolliert oder zu teuer ist, geht man zum nächsten. Hinzu kommt, dass oft billigeres, nicht ausgebildetes und unerfahrenes Personal bevorzugt wird.[8]

Betrachtet man alle Skandale, z.B. die im Spiegel Nr. 36 von Anfang September 2007 stehen, so kann man daraus schließen dass auch in dieser Branche Missbrauch betrieben wird und die Behörden nicht schnell genug reagieren. Je schneller die Branche wächst, desto schneller muss ein neues Prüfsystem her. Z.B. könnten Dumpingpreise der Prüfstellen und der Wechsel in andere Kontrollstellen unterbunden werden. Bis dahin ist das Misstrauen aller groß genug, somit handelt jeder und prüft alles was ihm durch die Finger geht. Auch die finanzstärkeren Großen Unternehmen lassen seit Beginn des Bio Booms jegliche Ware auf Rückstände überprüfen, bevor diese ins Regal wandert. Derzeit ist eine Datenbank im Gespräch, diese soll alle Betrugsversuche und Unregelmäßigkeiten speichern.

Dazu arbeiten die großen Unternehmen mit den Anbauverbänden und Erzeugergemeinschaften der Biolandwirte zusammen um zumindest die Deutschen Bio-Waren sicherer zu machen.

Doch was ist mit den Importwaren aus den 120 Ländern Weltweit in denen derzeit Bio angebaut wird? *„Importieren darf derzeit nur, wer von der Bonner Bundesanstalt für Landwirtschaft und Ernährung (BLE) nach Sichtung aller Papiere eine Vermarktungsgenehmigung für die jeweilige Charge bekommt."*

Das trifft lediglich auf die 7 Nationen aus den Dritten Ländern zu, Indien, Costa Rica, Schweiz, Israel, Neuseeland, Australien und Argentinien. Deren Kontrollsystem für Bio-Produkte ist Vergleichbar mit dem der EU. Der Einstieg aller anderen Länder ist sehr schwer, besonders für die Volksrepublik China. Da dort schon hohe Luftverschmutzungen und verseuchte Böden existieren, ist es schwierig Bio anzubauen. Meist fehlt jedoch das Verständnis für die doch vielseitigen Regeln als auch das Fachwissen. Viele Bauern aus

---

[7] Vgl. Der Spiegel Nr. 36 /3.9.07 „Sauerei mit System?" S. 28
[8] Vgl. Der Spiegel Nr. 36 /3.9.07 „Alles Bio oder was?" S. 30 f

anderen Nationen wollen einfach nur verkaufen und fälschen dafür sogar Zertifikate. Nicht selten kommt es vor, dass konventionelle Ware als Öko-Ware vertrieben wird. Darunter fällt speziell Ware aus Italien, Asien, Ägypten und der Türkei. [9]

2.1 Die Anbauverbände

Auf einigen Bio-Produkten findet man die Logos der Anbauverbände wieder. Auf jedenfall muss jedes Bio-Produkt aus EU-Ländern mit dem Namen und der Nummer der Kontrollbehörde oder der Öko-Kontrollstelle gekennzeichnet sein. Bei Verarbeiteten Lebensmitteln muss der Anteil von Bio-Rohstoffen mindestens 95% sein. [10]

Der größte Deutsche Anbauverband für ökologische Lebensmittel ist mit rund 4540 Betrieben, Bioland. Für Naturland arbeiten ca. 1776 Betriebe und für Demeter, welcher für 100% Bio steht, arbeiten rund 1370 Betriebe.

Anerkannt sind in Deutschland die Anbauverbände welche im Anhang 2 beschrieben sind.

2.2 Das Bio-Siegel

Weitere Erkennungszeichen sind das Bio-Siegel und das EU-Logo.

Abb.6: Bund für Umwelt & Naturschutz Deutschland e.V. www.bund.net

Das Bio-Siegel ist das bundeseinheitliche Dachzeichen für Erzeugnisse aus dem Öko-Landbau. Es steht für die kontrollierte Erzeugung von Bio-Produkten und sagt aus „Wo Bio draufsteht, ist auch Bio drin."

„Mit dem Bio-Siegel dürfen die in den Anwendungsbereich der EG-Öko-Verordnung fallenden, nicht verarbeiteten und die für den menschlichen Verzehr bestimmten verarbeiteten Agrarerzeugnisse gekennzeichnet werden." [11]

Als Rechtsgrundlage hat das Bio-Siegel das Öko-Kennzeichengesetz vom 10.12.2001. Wird das Bio-Siegel zu Missbrauchszwecken verwendet, findet man hier die Straf- und Bußgeldvorschriften. Für alle Marktteilnehmer ist das Bio-Siegel freiwillig und kostenlos, sowie einfach und unbürokratisch zu nutzen. Dies ist ein großer Kostenvorteil besonders für die kleineren Händler.

Bevor jedoch das Siegel auf die Produkte kommt, muss der, der es nutzen möchte bei der Bundesanstalt für Landwirtschaft und Ernährung dies anzeigen und pro Produkt ein Musteretikett schicken.

---

[9] Vgl. Der Spiegel Nr. 36 /3.9.07 „Alles Bio oder was?" S. 35 f
[10] Vgl. www.oekolandbau.de
[11] Vgl. Bundesanstalt für Landwirtschaft und Ernährung, Informationsstelle Bio-Siegel

Das Bio-Siegel soll dem Endverbraucher die Orientierung beim Einkauf erleichtern. Entscheidet sich der Verbraucher für ein Produkt mit diesem Siegel, kann er sicher sein das die EG-Öko-Verordnung zumindest schon mal eingehalten wurde. Derzeit sind ca. 40.500 Produkte von über 2300 Unternehmen mit dem Bio-Siegel gekennzeichnet. [12]

Das EU-Logo ist das neue EG-Bio-Logo welches ab dem 1. Januar 2009 gelten soll. Dieses soll zukünftig alle „Bio" & „Öko" Produkte kennzeichnen.[13]

3 Nachfrageverhalten, wo wird Gekauft?

Wo Bio einst eine Nische war und fest mit einer Glaubensbekenntnis verbunden, findet man heute überall in jedem Supermarkt Bio-Produkte. Mittlerweile gibt es neben dem Wochenmarkt, Bio- und Naturkostläden, Discountern auch den Bio-Supermarkt. Bio ist der neue Trend und er wächst weiter. Immer mehr Menschen kaufen aus den verschiedensten Gründen Bio-Produkte, der eine ist bereit mehr Geld zu zahlen und der andere kauft die etwas billigeren Produkte im Discounter wie bei Aldi, Lidl, Plus und Co. Für die neuen Akteure, die Discounter, ist Bio ein neues Mittel zur Image- und Bilanzverbesserung.

1998 eröffnete Basic, eine der großen Bio-Ketten den ersten Bio-Supermarkt in München. Seit 2002 gab es bei dem Discounter Norma die ersten Bioprodukte. Bio sollte für alle sein. Laut dem „Spiegel" holen in Deutschland rund 47% aller Kunden mindesten einmal im Monat Bionahrung.[14]

In einer eigenen Umfrage waren die Hauptgründe warum Bio gekauft wird:
- Gesunde Ernährung, weniger Gifte, mehr Vitamine
- Besserer und natürlicherer Geschmack
- keine unnötigen Geschmacksverfälschenden/ Gesundheitsbedenklichen Zusatzstoffe und Schadstoffe (schädigende Dünger und Pestizide)
- keine künstlichen Konservierungsstoffe und Geschmacksverstärker
- echte Bio-Produkte werden nachhaltiger und mit Rücksicht auf die Umwelt angebaut, es wird mehr regionale Ware angeboten statt Äpfel aus Neuseeland einzufliegen, Abfallstoffe werden ökologischer entsorgt
- um etwas für den Umweltschutz zu tun
- sind aus der Region und haben nicht so lange Transportwege
- kommen der Umwelt und dem Klima zu Gute
- gesicherte Qualität
- umweltfreundlicherer Anbau und Artgerechte Tierhaltung

---

[12] Vgl. Bundesanstalt für Landwirtschaft und Ernährung, Informationsstelle Bio-Siegel
[13] Vgl. Ernst & Young AG, Studie „Lohas" von Oktober 2007 S.6
[14] Vgl. Der Spiegel Nr. 36 /3.9.07 „Alles Bio oder was?" S. 26

Bei der Frage wo die Leute Hauptsächlich Bio kaufen sagten:

- rund 50% in Bio- und Naturkostläden, Reformhäusern und Bio-Supermärkten
- rund 35% in Discountern
- rund 15% bei Bauern, auf dem Wochenmarkt oder aus dem Garten vom Nachbarn[15]

Bei Personen die keine Bio-Produkte kaufen, ist der Hauptgrund der zu teuere Preis, kein Interesse und viele sind auch einfach nicht davon Überzeugt das Bio auch wirklich Bio ist. Insgesamt kaufen rund 1/3 der Befragten keine Bio-Lebensmittel.

Laut einer Studie der ZMP „Zentrale Markt- und Preisberichtstelle für Erzeugnisse der Land-, Forst- und Ernährungswirtschaft GmbH", ist die Zahl der Gesundheits- und Qualitätsbewussten Verbraucher steigend. Dank der Deutschen Discounter steigen nicht nur die Umsätze, der Markt wird angetrieben immer mehr Bio zu produzieren. Der Discounter Plus, eine Tochter von Tengelmann, machte es mit der eigenen Handelsmarke „BioBio" allen vor. Derzeit ist Aldi bei den Frischeprodukten der führende Discounter.[16]

In der folgenden Übersicht sieht man eine Aufteilung der Einkäufe von Bio Produkten.

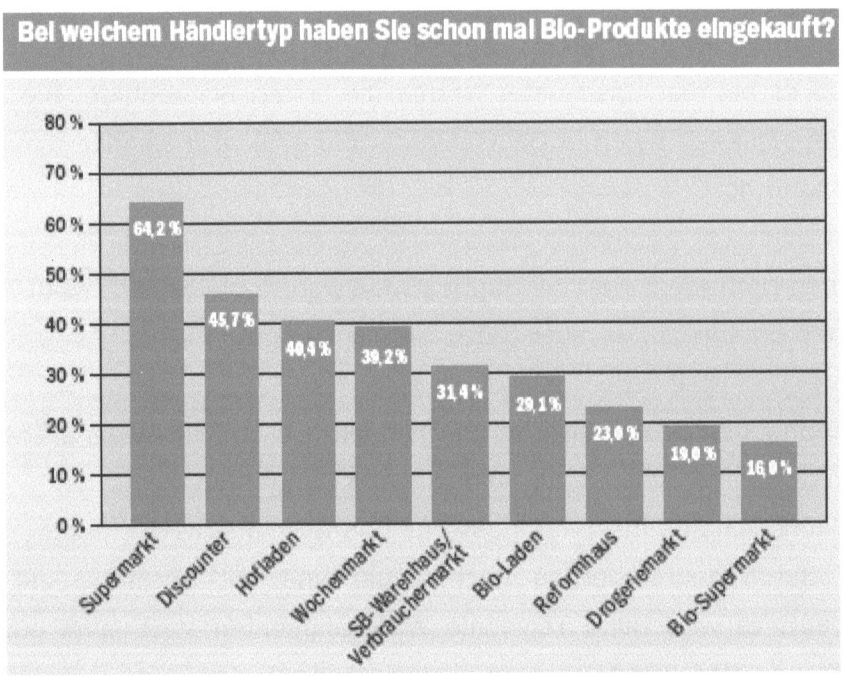

---

[15] Vgl. Ergebnisse der eigenen Umfrage
[16] Vgl. ZMP Analyse: Bericht zu Böl-Projekt S. 19

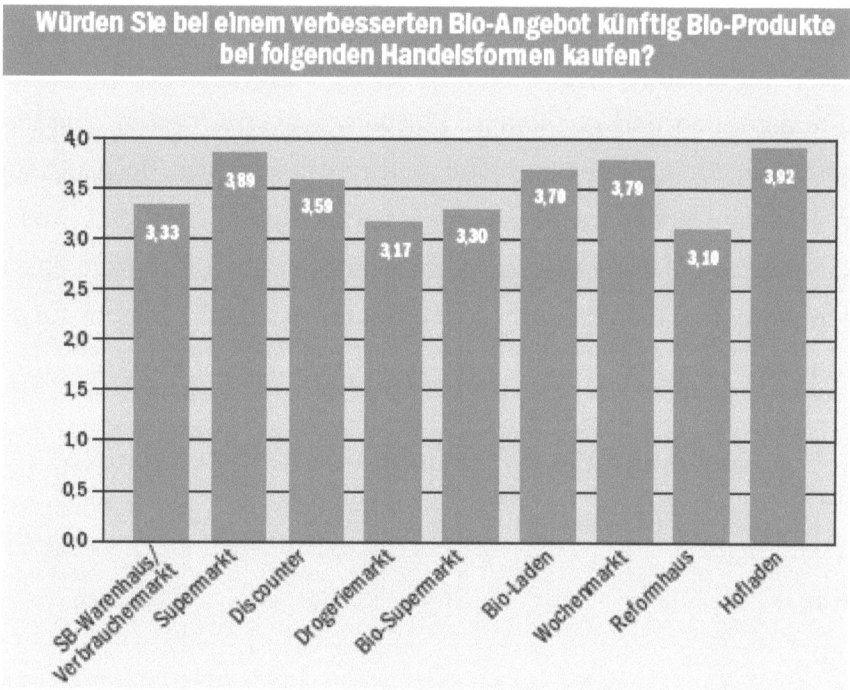

Abb.8: Ernst und Young: Studie „Lohas"

Aufgrund der hohen Nennung von Supermärkten und Discountern kann man davon ausgehen, dass viele dort kaufen und keinen solch schlechten Eindruck haben wie es manchmal den Anschein macht.[17]

Bei dem Verkauf von Bio-Produkten im Lebensmitteleinzelhandel und den Discountern können große Mengen abgesetzt werden. Das hat zum Vorteil dass eine regelmäßige Lieferung möglich ist, wodurch langfristige Lieferbeziehungen aufgebaut werden können. Nachteilig ist jedoch der hohe Preisdruck, nicht immer ist genug Bio-Ware lieferbar, hohe Ansprüche an Qualität und Flexibilität des Angebotes. Der Kundenkontakt geht verloren als auch die Beratung der Kunden aufgrund mangelnder Kenntnisse.

Beim Markstand und Direktverkauf auf dem Bauernhof dagegen kann man sicher sein das die Produkte aus der Region kommen und frisch sind. Der Markt- & Direktverkäufer hat den Vorteil dass er höhere Preise verlangen kann als die Discounter, da dort höhere Preise akzeptiert werden und Kunden regelmäßig kaufen. Dafür muss der Marktstand als auch der Direktverkauf regelmäßig präsent sein, was wiederum hohe Standgebühren kostet bzw. hohen Arbeits- und Verwaltungsaufwand. [18]

3.1 Studie Kundenprofile und Kundentrends in Hofläden

Damit die Hofläden noch mit den Discountern mithalten können, müssen sie immer professioneller werden und zunehmend Marketing einsetzten. Meistens kennen die Hofladenbesitzer Ihre Kunden direkt, da es Stammkunden sind, das macht das ganze Direktmarketing einfacher. Die Uni Göttingen hat in Zusammenarbeit mit den Hofläden

---

[17] Vgl. Ernst & Young AG, Studie „Lohas" von Oktober 2007 S. 29
[18] Vgl. www.oekolandbau.de : „Absatzwege" vom 10.09.2007

eine Studie durchgeführt über die Kunden der Direktvermarktung. Dabei kam heraus, dass Einkaufen beim Erzeuger gut ankommt. Genauer gesagt sind 67% der Kunden sehr zufrieden, 31% zufrieden und nur knapp 2% teilweise unzufrieden. Daraus schließt der Lehrstuhl „Marketing für Lebensmittel und Agrarprodukte" der Uni Göttingen, dass das Einkaufen im Hofladen spaß macht und den Leuten genau das gibt was Sie von Bio-Lebensmitteln erwarten. Nachteilig sei jedoch laut ¼ der Befragten das der Hofladen nichts Besonderes bietet und 40% sind unzufrieden mit dem Angebot für Kinder, da sei zu wenig vorhanden.[19]

Ausgewählte Charakteristika von Hofladenkunden.

Kundenmerkmale	Bio-Hofläden	Konventionelle Hofläden
Durchschnittsalter	42 Jahre	50 Jahre
Anteil Kunden mit mehr als 3.000 € Netto-Einkommen	28 %	21 %
Anteil Kunden mit (Fach-)Abitur	66 %	43 %
Anteil Stammkunden (mind. ein Einkauf pro Woche)	69 %	52 %
Anteil Kunden Nahversorgung (< 5 km Entfernung)	42 %	41 %
Männeranteil	25 %	31 %
Anteil Kunden mit Kindern im Haushalt	48 %	42 %
Quelle: Erhebung der Uni Göttingen bei 1.250 Käufern		

Abb.9: Uni Göttingen , Lehrstuhl „Marketing für Lebensmittel und Agrarprodukte Erschienen in "bioland", Ausgabe 10/2006

In der Tabelle kann man gut erkennen dass der Frauenanteil mit 75 % deutlich höher ist als der Männeranteil mit 25%. Auffällig ist auch, dass mehr jüngere Kunden in Bio-Hofländen einkaufen gehen. Auch der Anteil der Kunden mit Kindern ist hier in Bio-Hofläden größer. Daraus kann man wiederum ableiten das immer mehr jüngere Personen immer mehr auf Ihre Ernährung achten, ganz besonders intensiv ist das bei Familien mit Kindern. Auffällig ist aber auch das immerhin 28% der Kunden ein Einkommen über 3000€ haben, was im Vergleich zur Gesamtbevölkerung sehr hoch ist. Daraus kann man

---

[19] Vgl. Universität Göttingen, Lehrstuhl „Marketing für Lebensmittel und Agrarprodukte Erschienen in "bioland", Ausgabe 10/2006 S. 1 f

schließen, dass diese Personen sich die Bio-Produkte auch ohne weiteres leisten können.[20] Auch in meiner eigen durchgeführten Studie, sind die Mehrzahl der Käufer von Bio-Produkten Familien mit Kindern.

Neues Verbraucherverhalten

Insgesamt zeigte die Befragung der Uni Göttingen, dass Bio-Hofläden lukrative, aber anspruchsvolle Kunden ansprechen. Kunden mit hohem Bildungsstand, die öfters mal die Frische bemängeln, aber besonders treue Kunden sind und häufig einkaufen.[21]

3.2 Studie „Lohas" von Ernst und Young

Ernst und Young befragte über 1000 Konsumenten über die Relevanz der Kaufentscheidung, das Wissen über Bioprodukte, über die Bereitschaft mehr zu zahlen und wem der Kunde am meisten traut. Des Weiteren führten Sie Gespräche mit Handelsunternehmen über die Wichtigkeit des Themas Bio, Nachhaltigkeit, Ethik, Fairtrade und was sie tun um Kunden zu gewinnen und zu behalten.

Konsumenten werden in Ihrer Kaufentscheidung immer mehr durch folgende Begriffe beeinflusst: „Bio", „aus fairem Handel" und „aus nachhaltiger Produktion". Wie gibt sich das Unternehmen, die Marke nach außen? Kunden achten auf soziale Verantwortungen und ethische Grundsätze. Sieht der Verbraucher noch durch? Es gibt mittlerweile viele Verbände, wie bereits oben beschrieben. Jeder Discounter hat seine eigene Marke, bei Plus ist es „biobio", bei Edeka „natürlich Bio" usw.

Da haben es Verbraucher nicht einfach. Laut der Ernst und Young Studie, erwarten 70% der Verbraucher artgerechte Tierhaltung, 60% Umweltschutz und 35% Energieeinsparungen. Die Gründe für den Kauf von Bio Waren hat sich geändert.[22]

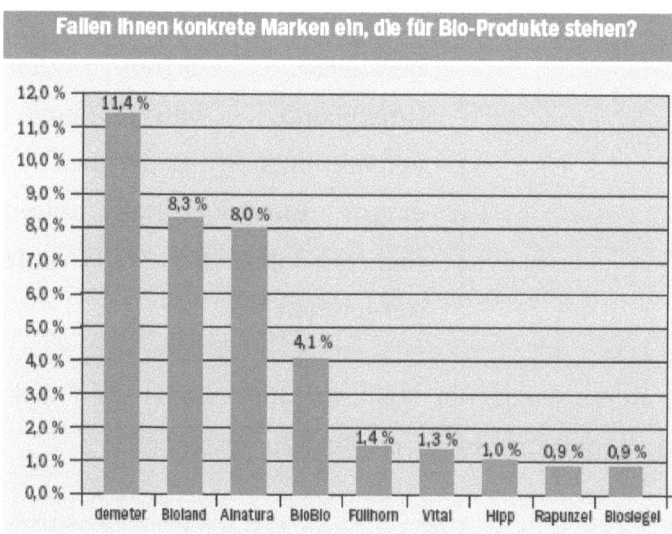

Fragt man die Verbraucher nach konkreten Marken werden hauptsächlich die 3 großen Anbauverbände genannt „Bioland, Demeter und Alnatura". Die anderen Firmen und Siegel, rund 77 an der Zahl, werden kaum gekannt.

Abb.10: Ernst und Young: Studie „Lohas"

---

[20] Vgl. Universität Göttingen, Lehrstuhl „Marketing für Lebensmittel und Agrarprodukte Erschienen in "bioland", Ausgabe 10/2006 S. 3
[21] Vgl. Universität Göttingen, Lehrstuhl „Marketing für Lebensmittel und Agrarprodukte Erschienen in "bioland", Ausgabe 10/2006
[22] Vgl. Ernst & Young AG, Studie „Lohas" von Oktober 2007 S. 23 ff

Wie teuer dürfen Bioprodukte sein? Rund 75% der Befragten in der Ernst und Young Studie sind bereit mehr Bioprodukte zu kaufen und würden auch einen Aufpreis zahlen, aber nicht mehr als 10% auf den jetzigen Preis. Auch soziale Verantwortung und Nachhaltigkeit sind keine Gründe für einen Aufpreis, sie werden eher als Selbstverständlich angesehen. Die Mehrzahl der Befragten würde dort einkaufen wo es entsprechend Angebot gibt oder gar bessere Bioangebote.

Würden die Verbraucher etwas über negative Bedingungen der Herstellung von Bioprodukten erfahren, wie in etwa Kinderarbeit, Gesundheitsschädigende Bedingungen, Dumpinglöhne, Umweltverschmutzung und Ressourcenverschwendung, dann würden rund 90% die Marke wechseln. Am ehesten würden die Verbraucher Bio-Supermärkte aufsuchen, aber auch 11% würden Bioprodukte bei Discountern kaufen. Aber natürlich sollte alles möglichst vor der Haustür stattfinden und keinen großen Zeitaufwand in Anspruch nehmen.[23]

Ist da auch Bio drin wo Bio drauf steht? Zu dieser Frage vertrauen fast 50% den Handel aber nur 28% dem Produzenten. Rund 41% vertrauen dabei auf die Bezeichnung „Bio". Doch die Mehrzahl aller Verbraucher wollen Sicherheiten egal von wem, doch Handel und Industrie haben nur kleine Systeme und sind wiederum auf die Garantie Ihrer Lieferanten angewiesen. Die Kette vom Bauernhof bis in den Handel ist lang und das System noch nicht ausgereift und sicher genug. Vertrauen kann man nur wenigen Unternehmen, hauptsächlich denen, die Nachhaltigkeit und soziale Verantwortung als oberstes Unternehmensziel haben. [24] Hauptproblem des ganzen ist, desto mehr nachgefragt wird, desto mehr muss produziert werden, nur lässt sich Bioware nicht von heut auf morgen herstellen. Schon die Umstellung von einem konventionellen Bauernhof zu einem Bio-Bauernhof dauert mehrere Jahre. Wo also Bioware hernehmen?

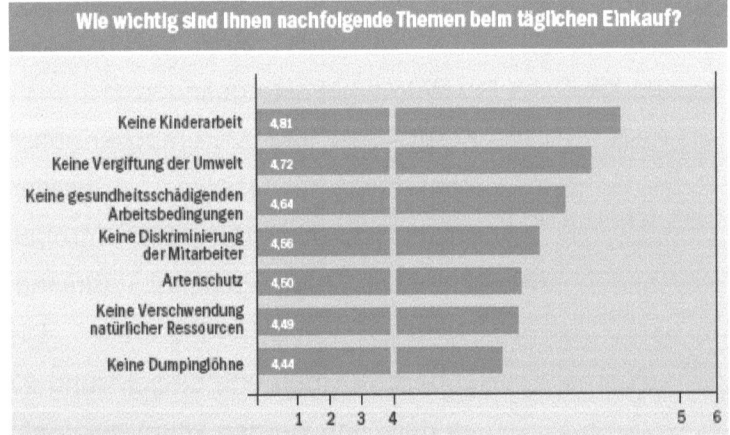

Abb.11: Ernst und Young: Studie „Lohas"

Das Ausland passt sicht schnell an besonders Asien, nur stellt sich hier wieder die Frage, ist das dann auch Bio? Oder wird hier gemogelt um weiterhin Geld zu verdienen?

[23] Vgl. Ernst & Young AG, Studie „Lohas" von Oktober 2007 S. 23 ff
[24] Vgl. Ernst & Young AG, Studie „Lohas" von Oktober 2007 S. 23 ff

4 Brisanz des Themas in der Medienwelt

„Egal, ob in Presse, Funk oder Fernsehen – Begriffe wie „bio", „öko", „fair", „nachhaltig",
„Ethik", „gesund" oder – ergänzt um die englischen Ausdrücke – „light", „wellness",
„health food" und „functional food" prägen unsere Medienlandschaft."

Derzeit kann man in vielen Zeitungen Artikel darüber finden, Skandale werden aufgedeckt und die Verbraucher werden verunsichert und dennoch kaufen Sie Bioware in solchen Massen, das die Produktion nicht mehr hinter her kommt und die Bioware aus andern Teilen der Welt hergebracht werden muss um den Deutschen Markt zu befriedigen, auf Kosten der Umwelt.

Auch die Prominenz kann es nicht von der Hand weisen, an der Bewusstseinsveränderung teil zu nehmen. Immer mehr Prominente werben für Bioprodukte und bekennen sich dazu. Bekannte Musiker gehen auf Tournee unter dem Projekt „Live Earth", Al Gore bekam für seine Dokumentation „An Inconvinient Truth" einen Oscar. In der Politik wurde ein Fünf-Punkte-Aktionsplan zur gesünderen Ernährung verabschiedet, die Bundeskanzlerin erklärt den Klimaschutz zur Chefsache und immer mehr Prominente sieht man für Bio-Marken in der Werbung.[25]

5 Wachstum der Bio Branche als Chance für viele?

Bauern können mehr gewinnen. Wer bereit ist Zeit und Kraft in die Umwandlung von konventionell in Bio zu investieren, kann in langer Sicht dabei nur gewinnen. Anhand der oben erwähnten Zahlen, wird der Biomarkt auch in Zukunft wachsen. Es kann nicht genug Bauern geben die Biopflanzen anbauen und eine Biozucht aufziehen. Da regionale Produkte immer mehr bevorzugt werden und diesen auch mehr Vertrauen geschenkt wird, haben regionale Bauern bessere Chancen Bio-Fleisch zu liefern als überregionale Bauern.[26]

Für kleine Bauern, Bio-Bäcker, Bio-Winzer, etc., ist der Bio-Boom eine Chance zu überleben. Heute wird in jeder Lebensmittelbranche Bio produziert und Verkauft, solang „Bio" glaubwürdig bleibt.

Bio als Jobmotor für Bauern. Der Bio-Boom ist so groß, dass das Angebot sehr knapp ist, da werden dringend Bauern gesucht die von konventionell auf Bio umstellen, teilte der Bio Anbauverband Bioland im Februar 2007 mit.

"Durch das nachhaltige Wachstum am Biomarkt und die Öffnung der Umstellungsförderung in 2007 bieten sich für Landwirte neue Chancen und eine langfristige Perspektive in diesem Zukunftsmarkt, sagte der Präsident von Bioland Deutschland Thomas Dosch."

---

[25] Vgl. Ernst & Young AG, Studie „Lohas" von Oktober 2007 S. 24 ff
[26] vgl. BMU, UBA, NABU, DVL: „Regionale Bio-Lebensmittel im Handel" von

Der Anbauverband ließ durchblicken das es sogar eine Förderung von allen Bundesländern (ausgenommen Saarland) gäbe für die Umstellung auf Bio-Anbau. Auch der Anbauverband unterstützt die Landwirte bei der Umstellung durch Beratung und Beziehungen zum Markt.[27]

Eine neue Chance wird auch Studenten geboten. Seit dem Bio-Boom gibt es stabile bis stark steigende Bewerberzahlen für den Studiengang „Ökolandbau". Da auch in diesem Bereich Fachkräfte benötigt werden, können sich junge Leute eine Zukunft durch ein Studium oder eine Ausbildung in diesem Bereich sichern. [28]

6 Mögliche Risiken die durch Marketing gelindert werden können

„Das Bewusstsein und insbesondere das Einkaufsverhalten der Verbraucher kann nur dann nachhaltig zu Gunsten regionaler und ökologischer Produkte verändert werden, wenn die Handelsunternehmen die Verantwortung für eine nachhaltige Entwicklung ernst nehmen und sich für eine regionale Vermarktung von Bio-Lebensmitteln einsetzen."
Dafür müsste jedoch der Handel bevorzugt regionale Bioprodukte ins Sortiment aufnehmen bevor die überregionalen gewählt werden. Denn die deutsche Qualität kann man nicht auf Produkte von anderen Ländern umlagern. Gerade in den Schwellenländern ist der Biotrend nur mittel zum Zweck. Meist sind die Voraussetzungen für den Anbau von Bio gar nicht gegeben und Fachwissen der Erzeuger liegt auch keines vor. Viele kämpfen einfach nur ums Überleben und produzieren dann halt das was sich am schnellsten zu Geld machen lässt. Die Umstellung von der Konventionellen Landwirtschaft auf Ökolandbau ist nicht von heut auf morgen zu realisieren. Seltsamer Weise geht das aber gerade in den Schwellenländern doch.

Mitarbeiter müssten mehr geschult werden, damit Sie mehr auf die Verbraucher eingehen können und die Produkte besser werben. Diese Einsatzbereitschaft von Unternehmen ist jedoch nur von Unternehmen zu erwarten, die keine Preisführerschaft bevorzugen.
Bei der Studie von NABU und DVL zu Regionalen Bio-Lebensmitteln im Handel, wurden folgende Kriterien als Erfolgsfaktoren herausgefiltert, auf die hier gleich eingegangen wird. Diese Faktoren beschreiben die erfolgreiche regionale Vermarktung im Lebensmitteleinzelhandel. In dieser Studie wurde auch Festgestellt das Vitamin B, in Form von einzelnen Schlüsselpersonen, einer der wichtigen Faktoren war die zum Erfolg aus der Nische führten, durch Entschlossenheit, Engagement und Motivation. Als wichtig wurde hier ebenso wie *„Kompetenz"* auch *„Vertrauen in die Zuverlässigkeit"* der Geschäftspartner, erachtet.[29]

---

[27] vgl. www.spiegel-online.de : „Jobmotor Bio – Bauern dringend gesucht" von 08.02.2007
[28] vgl. Zeitschrift „LVZ" : „Ansturm auf Studiengang Ökolandbau" vom 21.10.07
[29] vgl. BMU, UBA, NABU, DVL: „Regionale Bio-Lebensmittel im Handel" von S. 22 ff

Weitere Wichtige Faktoren sind:

- gegenseitige Bekennung zw. Handelsunternehmen und Erzeuger durch Kommunikationsmaßnahmen am Verkaufsort
- Motivation zum Produktverkauf durch Schulungen der Mitarbeiter
- Bereitschaft konventionelle Ware komplett durch Bio-Produkte zu ersetzen
- Frühzeitige Absprachen über Abnahmemengen

Im Folgenden erläutere ich warum die Marketinginstrumente wichtig sind und welche Risiken durch Sie verringert werden.

6.1 Preispolitik

„Für Handelsunternehmen ist der geringe Preisabstand zwischen ökologischen und regionalen Produkten in vielen Fällen ein entscheidender Faktor für den Einstieg in eine regionale Bio-Vermarktung, denn nur dadurch können hohe Umsätze realisiert und die Auslastung der Regalflächen gewährleistet werden." Die Preisaufschläge für Bio-Lebensmittel liegen laut der Studie „Regionale Bio-Lebensmittel im Handel" bei ca. 10%. D.h. der Umsatz steigt mit jedem Preisaufschlag mit. [30]

Laut dem Bundesprogramm Ökologischer Landbau sind die Erzeugnisse preislich um $^1/_3$ bis sogar um 50 % höher. Aber Warum? Weil der Bio-Landwirt ein höheres Risiko hat durch Verzicht auf chemisch-synthetische Spritzmittel oder Dünger. Dadurch kann die Ernte etwa $^1/_3$ kleiner ausfallen als in der konventionellen Landwirtschaft. Das Risiko das die komplette Ernte ausfällt wegen Schädlingsbefall oder Einflüssen höherer Gewalt ist bei dem Ökolandbau einfach bedeutend höher.[31]

6.2 Kommunikationspolitik

Durch die Kommunikationen bekommen die Verbraucher wichtige Informationen, ohne diese würden Sie weder die Vorteile Regionaler Produkte erkennen, noch Preissteigerungen ohne weiteres akzeptieren. Mit der Kommunikationspolitik soll für die Produkte ein dauerhafter Bezug zur Region hergestellt werden, Trendy und auffällig soll die Aufmachung sein und das Image positiv. Schaut man in die Werbung, sind Faktoren wie Wellness, Geschmack, Erlebnis und Gesundheit solche Begriffe mit denen vorwiegend für Bio-Lebensmittel geworben wird. Zur Kommunikationskonzeption gehören ebenso Überbrückungen von Saisonalen- und Ertragsschwankungen, sowie Preissteigerungen. Kommunikationspolitik muss jeder in der Kette leisten, vom Hersteller bis zum Verkäufer.

---

[30] vgl. BMU, UBA, NABU, DVL: „Regionale Bio-Lebensmittel im Handel" von S. 27
[31] vgl. Rundschau für den Lebensmittelhandel Nr. 2 vom 01.02.2007: „Mehr als nur Ökolebensmittel" S. 28

Ohne diese Politik würden Verbraucher nicht erfahren, dass gerade der einheimische Bioladen um die Ecke, überhaupt existiert. Gerade die Kleineren Bioverkäufer sind auf Werbung angewiesen, ohne sie besteht das Risiko, das keiner einkaufen kommt. Die Supermärkte und Discounter brauchen aber auch die Kommunikation, damit der Kunde unterscheiden kann was Bio ist und was nicht. Stellen Sie sich vor Sie gehen einkaufen, ernähren sich Gesund und möchten gerne Bioprodukte kaufen, da aber nirgends Hinweise hängen in welcher Ecke sich Bio-Lebensmittel befinden, kaufen sie das billigste und das ist dann meistens nicht Bio. Der Kunde wird immer Anspruchsvoller, darauf kann man auch mit Kommunikation eingehen, um unter anderen heraus zu finden was der Kunde wünscht. Somit bekommt man die Chance sich von anderen Discountern zu differenzieren.

Laut der oben genannten Studie sind Erfolgsversprechende Marketingmittel Verkaufsförderungen durch Mitarbeiterschulungen und Verkostungen sowie Öffentlichkeitsarbeit durch Eventmarketing und Kampagnen.[32]

Tim Hackert-Wilberg, Geschäftsführer der Marken- und Designeragentur Wertmarke betont: „Ein Logo oder Label reicht nicht aus" zur Differenzierung im Bio-Bereich. Eine konsequente Markenstrategie ist ausschlaggebend. Auch der Gelegenheitskäufer soll angesprochen werden, z.B. mit „Original Wagner Natur Lust" der Marke „Unsere Natur" von den „Wagner" Pizzen. Selbst „Hilcona" wirbt mit einer Bio-Linie für das Kühlregal. [33]

Mittlerweile gibt es fast in allen Bereichen von Lebensmittel Bio-Produkte. Bio-Fleisch, -Wein, -Babynahrung, -Säfte usw. Der Wettbewerbsdruck steigt immer mehr, somit ist man als Verkäufer von Bioprodukten gezwungen mehr und mehr Werbemaßnahmen zu ergreifen um nicht dem Risiko zu verfallen, bei dem Verkauf von Bioprodukten hinten anzustehen.

6.3 Produktpolitik

Je mehr Bio desto besser. Die Meisten der Befragten aus der oben genanten Studie als auch aus meiner eigenen Studie, haben ein ganz besonderes Auge auf die Produktbeschaffenheit. Dass die Qualitätskriterien eingehalten werden spielt dabei eine wichtige Rolle. Des Weiteren ist den Befragten wichtig, das sie erkennen können, aus welcher Region das Produkt stammt. Somit kann man Bioprodukte zum einen als Chance für die regionalen Bauern sehen, zum anderen sind aber die Qualitätskriterien durch die Massenproduktion gefährdet.

Verfügbarkeit

In sämtlichen Medien kann man lesen, dass nicht genug Bioprodukte produziert werden können, daher wird oft auf Bioprodukte aus anderen Ländern dieser Welt zurückgegriffen.

---

[32] vgl. BMU, UBA, NABU, DVL: „Regionale Bio-Lebensmittel im Handel" von S. 27 ff
[33] vgl. LEBENSMITTEL PRAXIS NR. 6 vom 23.03.2007 : „Zusatznutzen gefragt Bio plus" S. 32

Wurden diese jedoch richtig kontrolliert? Diese Frage stellt sich der Mehrheit der Käufer von Bioprodukten.

Im Spiegel kann man lesen, dass mit vielen Tricks gearbeitet wird um der Massenproduktion von Bioprodukten gerecht zu werden. Da wurden z.B. tausende von Kaffeebauern, von einem Tag zum anderen zu Biobauern erklärt, ohne dass die Bauern davon überhaupt in Kenntnis gesetzt wurden. Daraus kann man erkennen <u>wie groß der Mangel an genug Bioprodukten ist</u>. Das alles verbirgt ein großes Risiko, das nicht überall Bio drin wo es drauf steht. Hat ein Discounter mehrere Biobetriebe unter Vertrag, desto eher kann er seinen Kunden eine ausreichende Produktpalette an Bio-Lebensmitteln gewährleisten. Damit mehr Bauern zu einer Umstellung auf Bio bereit sind, ist es Hilfreich wenn gerade die großen Betriebe des LEH die kleinen Bauern mit Kooperationsverträgen unterstützen und gemeinsam gegen Hindernisse voranschreiten.

Qualität

Da Bioprodukte höhere Preise haben wird natürlich höchste Qualitätseinhaltung erwartet. Würden Sie ein teures Produkt wieder kaufen wenn die Qualität nur mittelmäßig oder gar schlecht wäre? Solch ein Produkt erholt sich auch nicht sehr schnell, da die Konkurrenz nicht schläft.

Viele erwarten auch, dass die Tomate eine richtige Farbe hat und rund ist. Aber ist das Bio? <u>Konventionelle Normen werden immer deutlicher zur Voraussetzung.</u> Sie messen nicht ob etwas gut schmeckt, sondern wie es auszusehen hat. Die Bauern die sich nicht an diese Normen halten, bekommen Ihr Gemüse zurück geschickt oder einen Abzug auf der Rechnung. Man erwartet keine Zusatzstoffe wie Pektin oder Johannisbrotmehl in Bioprodukten, aber sie werden verwendet um Prozesse zu beschleunigen und Bioprodukte billiger zu machen. [34]

6.4 Distributionspolitik

Wann erreicht ein Produkt wie, welchen Markt. dahinter verbergen sich Logistik und Vertriebsorganisationen, zwei weitere Erfolgsfaktoren. Kurze Transportwege um vorerst die eigene Region zu beliefern, haben auch noch den positiven Nebeneffekt, dass Sie Umweltfreundlicher sind. [35] Das Risiko nicht liefern zu können, ist sehr hoch, schließlich müssen ganze Massen abgedeckt werden. Mit regionalem Vertrieb kann man nicht nur einen Qualitätsverlust verhindern, sondern die Biobauern um die Ecke fördern. Der Verbraucher kann dann auch sicherer sein, wirklich Bio zu kaufen.

---

[34] vgl. Der Spiegel Nr. 36 /3.9.07 „Alles Bio oder was?"
[35] vgl. BMU, UBA, NABU, DVL: „Regionale Bio-Lebensmittel im Handel" von S. 25 ff

7 Fazit

Im Endeffekt ist Bio angesagt, es ist das was die Leute wollen, worüber geschrieben wird und was die Regale aller Läden vom kleinen Naturladen bis hin zum großen Discounter füllt. Das Bewusstsein einer Masse von Menschen hat sich geändert, sie wollen sich gesünder ernähren, umweltfreundlicher und natürlicher, mit einem Guten Gewissen und niemand soll darunter leiden. In den nächsten Jahren wird es auch boomen. Schließlich ist ökologischer Landbau ja auch gesünder für die Umwelt.

Viele sind bereit höhere Preise zu zahlen. Kaum kann man heut noch unterscheiden wer einst aus Glaubensbekenntnis Öko kaufte und wer heut aufgrund von Wellness, Gesundheit und einem besseren Leben zu Öko greift.

Die Bauern werden sich dem neuen großen Bedarf anpassen und Ihre Höfe von Konventionell auf Bio umstellen. Bio wird wohl auch langfristig auf dem Markt bestehen, zumindest solang man glauben kann dass es gesünder und ökologischer ist. Aber hier ist der Haken, um so mehr der ganze Biotrend auf Massenproduktion umgelegt wird, desto eher kann man davon ausgehen, das Bio nicht gleich Bio ist. Bereits heut werden konventionelle Mittel als Bioprodukte verkauft. Auch hier wird Geld gemacht ohne Rücksicht auf die Richtlinien die für Bio wichtig sind. Man kann nicht glauben dass wirklich überall Bio drin wo es drauf steht. Bei Produkten aus Italien, Asien, Ägypten und der Türkei, sollte man besonders vorsichtig sein. In diesen Ländern sind die Kontrollen nicht so stark wie in Deutschland. Hier will man nur Geld verdienen und achtet dabei nicht auf Richtlinien. Oft wissen viele Bauern ja gar nicht dass sie Bioprodukte verkaufen.

Mittlerweile wird dem Ernährungsbewussten Verbraucher eine elektronische Landkarte geboten, auf dem er schnell seinen nächsten Bio-Händler finden kann. In Österreich bekannt unter dem Namen „Biomaps" auf www.bio-austria.at, findet man über 3000 Adressen von Biodirektvermarktern. Auch für Deutschland gibt es ein derartiges Angebot, auf www.bio-markt.info.

Entstehen jedoch immer mehr Skandale, desto weniger Vertrauen werden die Verbraucher haben und dann könnte das ganze auf lange frist gesehen, doch nur ein Trend sein!?

8 Abbildungsverzeichnis

1. Literaturverzeichnis

www.rp-online.de : „Fakten rund um Bio" vom 16.11.07

www.oekolandbau.de/haendler/marktinformationen/biomarkt-deutschland/aktuelle-marktdaten/bio-markt-waechst-nachhaltig-auch-in-2007/ vom 31.10.2007

www.bund.net/Publikationen/Infoblätter/Besser-leben/zu-Bio-wechseln vom 17.10.2007

www.oekolandbau.de/verbraucher/wissen/infopaket-fuer-einsteiger/oeko-landbau-was-heisst-das/ vom 17.10.2007

Der Spiegel Nr. 36 /3.9.07 „Sauerei mit System?" S. 28

Der Spiegel Nr. 36 /3.9.07 „Alles Bio oder was?" S. 24 f

www.bio-siegel.de vom 17.10.2007

ZMP (Zentrale Markt- & Preisberichtstelle für Erzeugnisse der Land-, Forst- & Ernährungswirtschaft GmbH): „Aufbau einer kontinuierlichen Berichterstattung zum Einkaufsverhalten bei ökologisch erzeugten Produkten in Deutschland unter Einbeziehung der Ergebnisse aus dem BÖL-Projekt 02OE367" Laufzeit: Nov. 2004 bis Juni 2007

Ernst & Young AG Wirtschaftsprüf- und Steuerberatungsgesellschaft, Studie „Lohas" von Oktober 2007